Olor a humo

Haikus del jardín

León Molina

Olor a humo
Haikus del jardín

Ediciones de la Isla de Siltolá
Sevilla 2024
HAIKU

Diseño de colección: La Isla de Siltolá

© León Molina

© de la fotografía: Deiewong
© de la libélula del colofón: Ana Sotos

© 2024: **Ediciones de La Isla de Siltolá**
Apartado de Correos 22.015
41018 – Sevilla (España)
www.laisladesiltola.es · editorial@laisladesiltola.es

Impresión: Kadmos

ISBN: 978-84-19298-33-1 · DL: SE 625-2024
BIC: DCF · THEMA: DCF

(Impreso en España)

Esto es todo:
el camino acaba
en el jardín.

YOSA BUSON

Liba la esfinge
las flores más pequeñas
un año más.

Largo crepúsculo.
Cedemos la terraza
a los mosquitos.

Copos grandes
o pequeños.
Siempre en silencio.

Sol de invierno.
La sombra de la casa
se va alargando.

Búho real
encima del tejado
¡La Vía Láctea!

Golpe de azada.
Se salvó por un pelo
la culebrilla.

Sapo partero.
Su canto igual que un pájaro
bajo la luna.

Hojas caídas.
Ahora son basura
¿Por qué barrí?

En el jardín hoy
desde las flores me hablan
todos mis muertos.

Bajo la piedra
una escolopendra
y encima el sol.

Entre las hojas
la punta del rabo
de la lagartija.

Tórtola turca.
Poco a poco me colma
su canto triste.

Amanecer.
Ya está haciendo su ronda
la pajarita.

Todo guardado
en su funda de nieve
hasta mañana.

Viene tormenta.
Unas gotas gordísimas
para empezar.

Tormenta tras la sequía.
Pequeños cráteres
de las gotas en el polvo.

Esos gotazos
suenan como un aplauso.
Lluvia de agosto.

Vuela muy bajo
la culebrera.
Nos miramos.

Dos gotas pequeñas
se juntan en una sola que se echa
a rodar por la hoja que tiembla.

La nieve huele
al perfume de mi madre.
Ya no cabe más silencio.

En el mismo rincón en que la zorra
dejó ayer un excremento,
hoy la luciérnaga.

Los caracoles.
La lluvia sabe bien
dónde se esconden.

Las puntas nuevas
por donde crece el cedro,
de un verde pálido.

Chilla la urraca
encima del leñero.
Todo enmudece.

El parloteo
atolondrado de los jilgueros
y el silencio detrás.

He visto entero el cambio de muda
de una cigarra
¿Y ahora qué hago?

En el césped
un diente de león.
Cantan las cigarras.

No estaba helado
el sapillo en el cubo.
El sol de invierno.

¿Qué hacía aquí
la pequeña culebra?
Da igual. Se ha ido.

Cables repletos
de vencejos. Muy pronto
se marcharán.

Suenan las hojas.
Viene bien esta brisa
para olvidar.

La luna llena.
En mi sombra los ojos
de una ranita.

Cojo el vencejo
y lo devuelvo al cielo.
Yo sigo aquí.

Algo comparten
el cansancio y la paz.
Miro el crepúsculo.

Nogal erguido.
Ceniza de mi padre
disuelta ya.

Andar y andar.
Y todo para qué,
flores amigas.

Me haces llorar,
música de mis padres.
Quemo hojarasca.

La flor ahora
está mirando al suelo.
Fin del verano.

Algo, no sé,
me dice que este viento
ya es del otoño.

Silencio antes
de serrar la rama.
Silencio después.

Me ataca
la culebrilla ciega.
Tan chiquitilla.

Última escarcha.
Las águilas de nuevo
frente a mi casa.

Mañana oscura.
La urraca sobre el nido
de los jilgueros.

No recuerdo lo que he pensado
durante la última hora bajo el nogal.

El abejorro
sobre la flor del cardo.
Cálida brisa.

Frutos caídos.
Ya estaba solo
cuando eran flores.

Corto una rosa.
Hoy no ha salido el sol
ni un momento.

Nieve primera.
El grito de la zorra
perfora la noche.

El mosquitero
tan delicado al alba.
Nubes naranjas.

Lombriz amiga,
el mundo, qué sé yo.
Vuelve a tu túnel.

Detrás del monte
la luna va ascendiendo.
Cri cri. Cri cri.

Otro verano.
Una curruca bebe
gotas del grifo.

Rosal silvestre
plantado en el jardín.
Va donde quiere.

Tras desbrozar,
empapado en sudor,
digo tu nombre.

No esperes mucho,
jardín, de mí.
Me hago viejo.

Pasan los buitres
muy cerca de la casa
¡Qué grande el cielo!

Salamanquesas.
Chillan cuando interrumpo
su sueño diurno.

Arranco hierba
¿hablaba solo?
Dos caracoles.

Tu bikini
en el arbusto.
Mariposas.

Tras veinte años
siempre con mal aspecto,
ha muerto el plátano.

Fragor del viento.
Todas las copas
sonando en armonía.

Negro jardín.
Un muñeco de nieve
casi deshecho.

La enredadera
lanza sus brotes ciegos
a explorar el mundo.

Golondrinas.
El pico tan abierto
de sus pollitos.

Llega desde las huertas
olor a humo.
Canto del gallo.

Hora de siesta.
Escucho el aleteo
de los gorriones.

El canto del autillo
añade silencio.

Durante un rato
contemplo la flor.
Ella y yo solos.

Miro un buen rato
un caracol enorme.
Nada. No sale.

Aquel perrillo
ha regresado tuerto
a mi regazo.

Entra. No entra.
La zorra en el jardín.
No entra. Entra.

El mirlo
va tomando confianza.
Tardes de abril.

En el sillón
viendo las golondrinas
del año pasado.

Quiero y no quiero
volver a la ciudad.
Ladran los perros.

Noche tras noche
soledad y silencio.
¡Por fin las ranas!

La mariquita
camina por mi mano.
Pasan las nubes.

Muy lento el gato,
como si fuera suyo,
cruza el jardín.

El viento mueve
las ramas del nogal.
Detrás la luna.

Golpe de viento.
Ruedan latas de cerveza
y algunas hojas.

Abro la puerta.
Cuatro gatos me miran.
Uno me bufa.

Ha diluviado.
Ya pasa la tormenta,
suena el barranco.

Blando sonido
de la lluvia en mi capa.
Truenos. Silencio.

En el césped
el perro regatea
no se sabe qué.

Melancolía.
El ocaso amarillo
por el barranco.

Gota de lluvia.
Dentro se ve la casa
si te aproximas.

Todas las tardes
viene el perrillo a verme
triste, alegre.

No llueve.
Sin embargo las gotas
caen del alero.

Se mezclan en la noche
las voces de la aldea
y el autillo del monte.

La joven tórtola me deja acariciarla.
Lo que me extraña
es que no me sorprenda.

Pájaro implume
comido por las hormigas
a pleno sol.

Las almecinas
ya van tomando forma.
Cielo sin nubes.

Cierro los ojos
en la noche y escucho
¡Cuánto sucede!

Luz de la tarde.
Busquemos a tu dueño
¡vamos, perrillo!

Nací muy lejos
y quizá muera aquí.
Barro las hojas.

Pito real.
Tu canción aquí al lado
¿pero dónde?

Nube de paso.
La vienen siguiendo
las golondrinas.

¿A quién podría mostrarle
lo bien que va el granado?

Deambulo por el jardín
buscando eso que me espera.

Es bueno
ser un poco tonto
en el jardín.

Si el vencejo quisiera posarse
un rato
lo comprendería.

Rosa encarnada.
La quise, a veces sí
y a veces no.

Tras la tormenta
el olfato son mis ojos.
Petricor*.

---

*   Es un término no recogido por
la RAE. Se suele llamar así al olor a
tierra mojada.

112

Suena la noche.
Detrás del jardín,
el campo.

Miro al lagarto
y el lagarto me mira.
Los dos inmóviles.

Ha despejado.
Hojas perforadas
por el granizo.

Pocas libélulas
que destellen al sol.
Cada año menos.

Regreso a la casa.
El jardín está lleno
de soledad.

Con mi linterna
observo a la polilla.
Los demás duermen.

Abril rumoroso.
Esta lluvia
es la misma de ayer.

Morera,
nos dobla el viento.

Huele el romero
que plantamos tú y yo
en otra vida.

Se acabó el frío.
Revisando el goteo,
un ratoncillo.

Tormenta súbita.
Toma impulso el sombrero.
Despega. Vuela.

Las culebreras
en su vuelo nupcial.
Restos de nieve.

Goteo roto,
abanico de agua
en las iniestas.

El ruiseñor y yo
leyendo hasta el alba.

Quema el vecino
lavandas y romeros.
Su último aroma.

Ese grillo
está muy loco.
Me cae bien.

Mirando el campo
a veces
veo algo más.

Los gorriones
picoteando en la nieve son graciosos,
pero dan lástima.

En el jardín,
como decía Vallejo
me he sentado a caminar.

No dices nada
esta tarde, jardín
¿nos pasa algo?

Dice Ana que plantará una paulownia.
Debatimos dónde
bajo nubes anaranjadas.

Llenas de moras
las zarzas de la entrada.
Quiero ver una en tus labios.

Mediodía de verano.
Las cigarras siguen haciendo con las piedras
lo mismo que hacían en el haiku de Basho*.

---

* El conocido haiku de Basho dice: "Quietud. /
Penetra en la roca / el canto de las cigarras".

Para ti es un jardín,
para mí, otro.

Sol brillante. *Midi le juste y compose de feux*[*].
El claxon del panadero
interrumpe mis pensamientos.

---

[*] Tercer verso del poema Le cimetière marin de Paul Valéry.

Deambulo por el jardín.
Le pregunto al nogal
los años que me quedan.

La cogujada
con ojos entornados
viendo nevar.

Mirando nubes
con la azada en la mano
sin hacer nada.
Pasa un rebaño.

Cada día miro
la rama vacía
donde vi el arrendajo.

El chotacabras
practica su canto tan raro
en la cruz de la ermita.

Hoy no ha venido
la oropéndola
ni se ha escuchado su canto.

Mañana lluviosa.
En el fondo de los charcos
huellas de lombrices.

Tras el silencio
murmullos de aprobación,
sale la luna.

Llegan visitas.
Del jardín solo ven
lo que se ve.

La luna llena
herida por disparos
de cazadores.

Toda la mañana
escuchando al picapinos
y por fin ahí está.

Mientras trabajo,
las perras del vecino
ahí tumbadas.

Se aleja el coche.
Quedo solo en el jardín
mirando las montañas.

Me acuesto pronto.
Las salamanquesas del techo
salen de caza.

Hoja de arce
coronada de escarcha.
Lejos, un cuervo.

El camino lleno de hojarasca.
Bueno.
Hoy no voy a dar ni golpe.

Primeras horas.
Ella canta en la casa,
el mirlo fuera.

Los verdecillos
picotean la luz.
Tarde de otoño.

Según la luz
el canto de los pájaros
suena distinto.

El monte
azulándose
para el otoño.

Luz que ilumina el granado.
Una parte la pone el sol,
y otra parte mis ojos.

Primavera.
La música del sol
en los romeros.

Te veo hablar
pero tan solo escucho
el paso de las nubes.

¡Venga ratoncillos!
antes de que ella os vea,
marchaos de aquí.

Pelea de pájaros
al lado de la fuente.
Nada. Ya beben.

La tarabilla
ha perchado en el cardo
que no corté.

Me gustaría
tener la voz del cuervo,
siempre lejana.

Más dulce aun
el canto de las ranas
hoy que no cantan.

Regreso a casa.
Este murciélago murió
aquí. Solo.

Jardín de agosto.
En silencio soporta
la solanera.

Sapo partero
cargado con sus huevos.
Uno está roto.

Un pajarillo
escucha atento
mi silencio.

Alba de invierno.
La nieve amontonada
ilumina el cielo.

Zorzal.
Si no miro está.
Y si miro ya no.

Ciprés plantando
de mi mano. La vida
pasa volando.

ESTE NÚMERO DIEZ DE HAIKU
DE **SILTOLÁ** SE TERMINÓ DE
IMPRIMIR EN EL MES DE
MARZO DE 2024

Colección HAIKU

Otros títulos publicados en esta colección